AF452914

# LES MINUTES PARISIENNES

## 6 HEURES

PAR GEORGES OHNET

DESSINS DE FLASSCHOEN

Chez l'éditeur Ollendorff

50, Chaussée d'Antin

Paris

# Les Minutes Parisiennes

IL A ÉTÉ TIRÉ A PART

108 exemplaires sur papier de Chine,
et 28 exemplaires sur papier du Japon

*Numérotés à la presse*

*Les Minutes Parisiennes*

GEORGES OHNET

# 6 HEURES

## La Salle d'Armes

*Illustrations de* FLASSCHŒN

GRAVÉES SUR BOIS

PAR T.-J. BELTRAND ET DÉTÉ

PARIS

SOCIÉTÉ D'ÉDITIONS LITTÉRAIRES ET ARTISTIQUES

*Librairie Paul Ollendorff*

50, CHAUSSÉE D'ANTIN, 50

1902

— Parez quarte... riposlez... une,
deux... d'aplomb, monsieur le baron,
d'aplomb ! Feinte de coup droit... dégagez... Ah ! le pied est parti avant la
main... En garde... remettez-vous...

— Flûte ! J'en ai assez ! geignit le
baron, en jetant à la volée son fleuret et son masque sur le large divan
qui entourait toute la salle. Il se
laissa aller, comme une masse, à
côté du fleuret et du masque, ses
petites jambes allongées sous ses
courtes cuisses, écroulé, lamen-
table, suant et hors d'haleine.

— Ah! monsieur le baron, vous maigrissez! dit en souriant le prévôt penché vers son élève qui se tamponnait la tête avec une serviette-éponge... Le régime suit son cours. Vous allez perdre encore une livre!  ·

— Eh! sacrebleu! Je ne perds rien du tout! s'écria l'escrimeur éreinté. Ce mouvement enragé me donne un tel appétit que je dévore, et que je regagne aussitôt, par l'excès de la nourriture, ce dont j'ai diminué par la violence de l'exercice.

— Ah! Si vous ne savez pas vous contenir!

— Vous me la fichez belle! Si ma

vie n'est plus que privations, j'aime encore mieux rester gros !

Dans la vaste et luxueuse salle d'armes du cercle, plusieurs jeux de fleuret ou d'épée étaient engagés, pendant que groupés, avant de se déshabiller dans les cabinets de toilette, quelques escrimeurs de valeur diverse, mais de notoriété égale, causaient ou regardaient, souriants et courtois. Car c'est un fait à consigner que la pratique des armes semble affiner les mœurs, comme si une politesse spéciale, reste d'ancienne chevalerie, résultait de l'habitude de manier l'épée.

Il était six heures. La nuit déjà

close, l'électricité répandait à flots sa lumière dorée. Et pendant que les femmes, élégantes et coquettes, bavardaient dans les salons amis en prenant le thé avec leur flirt, les maris, comme le gros baron, arrosaient de leur sueur le plancher uni de la salle d'armes.

C'était l'heure charmante où, la journée terminée, pour les gens occupés et pour les gens oisifs, chacun n'a plus à penser qu'à la distraction ou au plaisir. Le notaire et le banquier ont fui leur cabinet, le peintre, dans la clarté finissante du jour, a rangé sa toile et ses pinceaux, l'homme de lettres, las de raffiner

sur les sentiments, se sent pris du
besoin des violents exercices. Le
mondain, après ses flâneries du jour,
avant de commencer ses flâneries de
la nuit, vient tendre ses énergies
physiques, pour se donner du ton.
C'est un repos pour les uns, de l'hygiène pour les autres. Pour tous un
agrément.

*  
* *

De tout temps l'escrime a été pra-
tiquée en France et aimée à tel point
que, par l'excès de cette passion, les
Français ont acquis, de par le monde,
une réputation batailleuse, qui n'est

malheureusement pas aussi usurpée
que bien d'autres qu'on leur a faites.

Dès l'antiquité, les plus redoutables
gladiateurs, n'étaient-ils pas ces gi-
gantesques et blonds Gaulois, que

les riches Romains faisaient venir à
grands frais, quand ils ne trouvaient
pas à les acheter parmi les prison-
niers ? Placés sous la direction des
*Lanistes*, qui étaient alors les professeurs d'escrime, ils apprenaient à
combattre avec vigueur, et à mourir
avec grâce, sous les yeux de César.

Ce goût pour les combats en
champ clos se développa et se ré-
gularisa par les tournois, qui, dès les
premiers âges de la France, mirent
aux prises les guerriers dans des
passes d'armes, où la renommée s'ac-
quérait à grands coups de lance et
d'épée. C'était pour plaire aux belles
dont les combattants portaient les cou-

leurs sur leurs armes, que le sang
coulait dans l'arène. Les joutes se

terminaient par le couronnement du
vainqueur, à qui la Reine des Amours,
présidente du tournoi, remettait pu-
bliquement le prix de sa valeur. Les

princes et les rois ne dédaignaient pas de descendre dans la lice. Pépin le Bref combattait un lion, sous les yeux de toute sa cour, et Henry II se faisait tuer par Montgomery, en luttant contre lui, à armes courtoises, en l'honneur de M^{me} de Valentinois.

L'habitude des combats était entrée si bien dans les mœurs, que la loi elle-même devint tributaire de la force, et que le jugement de Dieu, les armes à la main, fut une des formes de la justice.

Cependant avec la pratique du combat, l'habileté des combattants s'affirma et grandit. La science des armes se développa, se fixa en des

principes rigoureusement imposés.
C'est là, dans ces règles des anciennes passes d'armes, qu'apparaît le rudiment des différents codes techniques du duel, tels qu'ils ont existé et se sont succédé jusqu'à nos jours, recueillis dans l'ouvrage de Chateauvilard et, tout dernièrement, dans le livre de MM. Bibesco et Fery d'Escland : *Conseils pour les duels*, qui doit faire autorité en la matière.

A vrai dire, les étapes par lesquelles, à la faveur de ces batailleuses habitudes, la science de l'escrime avait passé, étaient nombreuses et intéressantes, depuis les temps où les pièces d'armure dont le chevalier

était revêtu exigeaient un effort vi-
goureux et un choc puissant pour

être entamées. D'abord l'épée à deux
mains, la grande lame lourde des
croisades, avec sa garde en croix qui
permettait au guerrier frappé à mort,

de finir chrétiennement en baisant
la poignée de son arme. Puis l'estoc
de guerre, doré, ciselé, pesant et
affilé, brandi par François Ier à Ma-
rignan et qui tranchait d'un seul coup
les hallebardes des Suisses.

Ensuite l'épée, longue et fine, cou-
pante des deux côtés, qui servait aux
huguenots et aux catholiques à se
charger, pendant les guerres de reli-
gion, et qui exigeait, pour les parades, une bonne dague, sous peine
d'avoir le bras tailladé, comme il
advint à Quélus, sous Henri III,
dans son duel avec le sire de Balzac
d'Entragues.

C'était alors l'escrime variée, bril-

lante, qui participait du maniement
de l'espadon et du tir d'épée, tels

qu'on les pratique aujourd'hui. Les
maîtres en l'art de tuer étaient, en ce
temps-là, les Italiens, qui avaient
substitué le coup d'estoc au coup de

taille, abandonnant les mouvements excentriques pour pousser directement la pointe au corps. Jeu déjà plus serré, plus circonspect, économisant le souffle et les forces, mais abondant encore, pourtant, en passes ingénieuses et jolies : voltes soudaines sur le talon, sauts de côté, main posée à terre, pour s'écraser sous le fer et tirer au ventre, flanconades habiles et parades traîtresses, en saisissant le fer avec la main.

La Boëssière codifie les principes nouveaux, supprime tous les mouvements qui découvraient le corps, et ramène le tir de l'épée à une magistrale et sévère correction. Ce fut le grand ancêtre, celui de qui découle toute la science moderne.

Après lui, Jean-Louis, la constitua telle qu'elle existe aujourd'hui. Et Saint-Georges, d'Eon, les grands tireurs du commencement de ce siècle la perfectionnèrent, et la firent triomphante. Ce fut la belle époque des Grisier, Gâtechair, Cordelois, Bonnet, Lozès, Robert, précurseurs laborieux,

2

éducateurs remarquables des maîtres contemporains.

L'arme cependant continuait à se
modifier, en même temps que la façon de s'en servir et, de la coliche-
marde allemande ou espagnole du
XVI<sup>e</sup> siècle, passait à la rapière du
XVII<sup>e</sup>, puis au carrelet du XVIII<sup>e</sup>, pour
aboutir à l'épée, en usage actuelle-
ment, qui se rapproche par sa lame
triangulaire, et sa coquille, de l'épée
dont se servaient Coligny, dans son
duel avec le duc de Guise, et Mont-
morency-Boutteville, quand il tua le
comte de Chapelles.

Sous l'impulsion de tant d'illus-
tres professeurs, l'escrime française

a fait, au cours du dernier siècle, des progrès considérables. Sans rivale, pendant longtemps, elle a trouvé dans l'Ecole italienne, rénovée par les maîtres napolitains, une brillante et redoutable concurrente. On peut établir qu'actuellement il n'existe que deux méthodes d'escrime : la française et l'italienne. Bien peu dissemblables, d'ailleurs, l'une de l'autre, possédant les mêmes feintes et les mêmes parades, ne se différenciant que par la tenue de l'arme, le jeu des doigts que les Italiens recourbent sur une barre, mais surtout diverses par le tempérament des deux peuples qui la pratiquent. Les

Français, plus mesurés, mieux réglés
dans leur fougue, demandant moins
à la vigueur qu'au raisonnement.
Les Italiens, avec une correction
moindre dans la tenue, montrant une
énergie un peu vibrante et théâtrale.
Puissants lutteurs, de chaque côté,
loyaux champions faits pour s'es-
timer, se compléter et se faire valoir
réciproquement.

L'escrime est donc en grande faveur. Et d'un bout de l'Europe à
l'autre, même en Angleterre où le
duel, coutume déplorable assuré-
ment, mais peut-être indispensable,
n'existe pas, ce sport si fécond en
avantages physiques et en satisfac-

tions morales, se pratique avec une activité sans cesse grandissante. Les mères de la bourgeoisie française ont cessé de trembler, comme autrefois, à la pensée que leurs fils pourraient devenir des bretteurs, et que l'habitude de manier l'épée les rendrait pointilleux et querelleurs. Elles savent que les aptitudes corporelles sont merveilleusement développées par cet exercice si bien raisonné, et que les facultés intellectuelles s'en trouvent mieux assurées.

Aussi les salles d'armes, les cercles d'escrime, se sont multipliés. Les citer tous serait impossible. A la tête de chacun d'eux, comme une enseigne vivante, se trouve placé un des maîtres en renom de l'heure

présente. Et ils sont au moins vingt de célébrité pareille, de virtuosité presque égale, gauchers ou droitiers, triomphant tour à tour sur la planche, et tous réputés pour les brillants élèves qu'ils ont formés. Auprès de ces professionnels, cent amateurs, peut-être, tant parmi les civils que parmi les militaires, sont dignes de se mesurer avec eux dans les assauts publics. Et autour de cette élite, la masse innombrable des escrimeurs consciencieux, qui s'entraînent soit par hygiène, soit par plaisir. Mais tous avec une assiduité qui les ramène à heure fixe à la salle d'armes.

*<br>* *

Et c'était l'heure justement, où le gros baron, après avoir soufflé, se remettait en garde en face du prévôt patient et blasé, pendant que les camarades du cercle, fidèles à leurs habitudes, commençaient à paraître.

Ils entraient affairés, rapides, passant de groupe en groupe, avant d'aller se dévêtir. Et les poignées de mains, les rappels de rendez-vous, les suites de projets ébauchés, pendant que les battements de pied, les froissements du fer, les « héla » des tireurs ponctuaient et rythmaient l'animation de cette scène.

Dans un coin, près des fenêtres, quelques nouveaux arrivés causaient, échangeant les nouvelles du jour, les potins des autres cercles. C'é-taient le président de la salle d'ar-

mes, mâle et belle figure de soldat ;
le conseiller à la Cour des comptes
Bizaret, un des plus redoutables te-
nants des tournois d'épée, escrimeur
aussi habile qu'érudit ; Tréderlein,
le type du clubman galant et poli ; le
baron de Barthois, vieux beau, re-
nommé pour son urbanité, qui fut le
compagnon de plaisirs des Cade-
rousse et des Sagan, et le petit Jacques
de Brézé, joli garçon très riche, labo-
rieusement occupé à ne rien faire.
Ils causaient, en flânant, pas trop
haut, pour ne pas gêner leurs camarades, avec tout juste assez d'animation pour s'intéresser eux-mêmes.

— Vous savez que Pini est arrivé de

Buenos-Ayres, avec ses élèves, dit le président, nous l'aurons, je pense, la semaine prochaine... Il a tiré chez Mimiague, hier, d'une façon tout à fait brillante... Il est dans la même forme qu'à l'époque de son duel avec Romertz...

— Il était à craindre que la pratique du sabre ne lui alourdit la main, fit le vicomte de Tréderlein, avec sa grande mine hautaine de

Don Quichotte devenu sage. Mais il a des moyens exceptionnels... J'aurais voulu voir tirer avec lui le pauvre Alfonso, dans son beau temps... Notre ami lui aurait montré ce que c'est que l'allonge...

Le vieux M. de Barthois hocha la tête, passa la main dans ses favoris teints et déclara :

— Mes amis, on ne tire plus, aujourd'hui, on bat du fer... Si vous aviez connu Gâtechair...

— Pourquoi pas Jean-Louis ? interrompit irrévérencieusement le petit Brézé. Avec ça que vous pouvez parler des maîtres d'armes de jadis, vous, Barthois. On dirait, ma parole,

que vous êtes né sous la Restau-
ration...

Barthois rougit, rajusta ses che-
veux, étouffa une petite toux :

— Je suis très vieux!... Je n'en ai
pas l'air, parce que je suis très
bien conservé. Mais mon acte de
naissance...

Une protestation générale l'interrompit. Les ripostes se croisèrent :

— C'est un blagueur! Ne le croyez
pas! Vous avez confondu avec celui
de votre père!... La petite Chose pré-
tend que... parfaitement !

— Ah ! Messieurs, fit Barthois en
s'inclinant avec un sourire radieux,
vous me gâtez. Vous êtes trop aima-

bles pour votre doyen ! Car je suis le doyen de la salle...

— Il n'y a que vous qui vous en souveniez... Allons ! une botte, Barthois...

— Deux, mon ami.

— Ah ! Vous voyez bien !

Le jeune Brézé et le vieux Barthois passèrent dans les cabinets de toilette. Là, les valets de chambre, qui apportaient les valises contenant la tenue de soirée

de leurs maîtres, attendaient, graves,
pendant que le masseur et le dou-

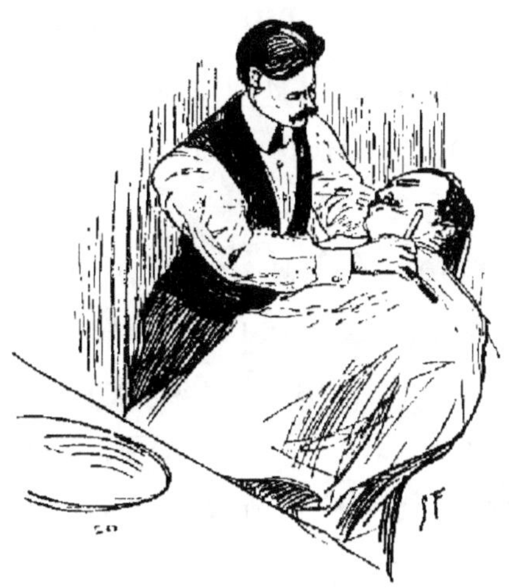

cheur causaient sur le seuil de la salle
d'hydrothérapie. Des tables de mar-
bre chargées de peignes, brosses,
vaporisateurs, s'offraient pour la

toilette, et le coiffeur allait raser, lotionner, friser ces mondains qui sortiraient de la salle d'armes, fringants, pimpants, frais comme des roses, pour aller dîner dans le monde.

Lent à se déshabiller, pour revêtir son plastron et sa culotte de toile blanche, ses bas de soie noire, et ses sandales de cuir fauve, le jeune Brézé faisait au vieux Barthois ses confidences :

— Comprenez-vous, mon cher, que j'arrive hier chez Pierrette... Il était six heures : elle ne m'attendait pas....

— Elle vous croyait ici. Ça vous apprendra à manquer la salle...

— Eh bien ! Elle ne la manquait pas, elle, la salle ! Elle était en plein dans ses exercices avec La Roserie !...

— La femme de chambre vous a laissé entrer ?

— Je ne lui ai pas demandé la permission... Je vous prie de vous figurer la tête de La Roserie, levé en sursaut, et en bannière, pendant que je tapais, à grands coups de canne, sur le lit, où se cachait Pierrette...

— Oh ! Une femme ! Brézé...

— Une fille ! Barthois...

— Lui avez-vous fait mal ?

— Moi ? Je ne l'ai seulement pas touchée. Elle s'était jetée dans la

ruelle, et de là, verte de rage, les
mains en griffes, elle m'agonisait
d'injures...

— Alors ?...

— Eh bien ! alors, j'ai dit à La Roserie : Espèce d'idiot, tu n'aurais pas
pu choisir, pour faire tes saletés, une
autre femme que la camarade d'un
ami de vingt ans ?...

— Qu'est-ce qu'il a répondu !

— Ah ! Il était très embêté. Je
le connais bien : il avait le bout du
nez blanc. Et ça, voyez-vous, Barthois, c'est, pour lui, le signe de
la grande émotion. Il a remis son
pantalon en silence, puis ses bot-
tines, puis son gilet... Après il

s'est décidé à parler : Ça c'est vrai
que c'est bête ! Mais quoi ! C'est fait !

Alors Pierrette lui a crié qu'il était
un lâche de la laisser battre sous ses

yeux... Et La Roserie a été obligé de se fâcher... Bref, j'attends ses témoins...

— Deux intimes, deux membres de la salle, fit Barthois... Fâcheux ! Très fâcheux ! Et qui va vous représenter, Brézé ?

— J'ai compté sur vous, Barthois, parce que vous êtes un homme raisonnable et ferme à la fois... Tréderlein vous secondera...

— Ah ! Tréderlein... Parfait ! Les choses alors se passeront galamment, comme il sied entre gentlemen du même cercle... L'épée, naturellement, n'est-ce pas, s'il y a rencontre ?...

— L'épée, oui. Ah ! vous êtes prêt ? Eh bien ! allons faire quelques dégagements, pour nous entretenir.

Le vieux Barthois et le jeune Brézé sont tombés en garde devant une galerie de camarades. Le doyen de la salle, très beau sous les armes, avec la position classique et l'élégance un peu compassée de l'ancienne école. Brézé plus moderne, ramassé sur la jambe gauche, la main basse, avec déjà la déformation d'attitude qu'entraîne la pratique du tir de terrain.

Le jeune escrimeur procède par battements, essaye de se loger, mais le vieux Barthois, lui, s'il a les jambes un peu fatiguées, possède toujours une main excellente, prend des contres serrés comme des bagues, et riposte avec une précision rigoureuse.

— Touché !

C'est Brézé qui, sur une attaque dans la ligne basse vient de se faire ramasser par une septime enveloppée et a reçu le bouton de son adversaire dans les côtes.

— Ah ! joli ! très joli ! dit Tréderlein. C'est le coup de Barthois ! Oh ! Il l'a bien dans la main celui-là !

— Cher ami, c'est le vieux Désiré Robert qui me l'a montré... Il avait de courtes jambes, aussi c'était un riposteur admirable... Ah ! quels assauts que j'ai faits avec lui, dans la petite salle de la rue du Helder... C'était après la guerre ! Vous n'étiez pas né, Brézé... On faisait de belles armes à cette époque-là !

— Ah ! mon cher, dit le général, jamais les armes n'ont été plus en honneur qu'aujourd'hui... Voyez donc le mouvement qui se fait dans le monde de l'escrime. Rivalités entre les épéistes et les fleurettistes. Tournois internationaux, qui mettent aux prises les maîtres italiens, anglais, allemands et belges. Écoles rivales représentées par des Pini, des San-Malato et des Conte, pour l'Italie, et Desmedt pour la Belgique, chez nous des Mérignac, Prévot, Rouleau, Kirchoffer... Et les poules en plein air, et les concours de salle à salle... Oh ! c'est une belle émulation et, en conscience, à aucune époque on n'a eu pareille floraison de talents divers !

Le petit Brézé se mit à rire :

—Eh ! Il n'y a pas que nous autres
hommes qui nous alignions sur la

planche. Les
femmes s'en
mêlent aussi, main-
tenant... Il y a des salles
et des professeurs pour femmes...

— Tiens ! M^me Gabriel...

— Et elle forme des élèves, vous savez...

Un de ces jours, nous allons avoir une crise féministe dans l'escrime, et, de même que nous avons des femmes avocat, médecin, journaliste, nous aurons des escrimeuses qui se mesureront avec nous en assaut public...

— Ah ! Elles nous battront, vous pouvez l'écrire d'avance ! Je ne me vois pas beaucoup poussant un coup de fleuret bien appuyé dans la poitrine d'une femme... J'aurais peur de lui faire mal !... Et à la faveur de cette modération...

— Elle vous flanquerait une pile indigne !... Axiome : avec qui que vous tiriez, il faut toujours tirer fort !

La salle s'est garnie, et les trois prévôts sont occupés à donner la leçon. Les appels de pied font monter dans la lumière une poudre blonde et comme dorée, les lames des fleurets luisent, les battements du fer retentissent joyeux. Et c'est une animation, une fougue, une allégresse de vie active et puissante. Dans leurs costumes blancs, piqués de quelques plastrons noirs, les escrimeurs jeunes et vieux, attendent que la place soit libre pour faire assaut. Ils

se promènent, regardent et causent.
C'est, tour à tour, la chasse, les
courses, le théâtre, les salons, les
femmes, qui occupent tous ces mondains.

Là sont réunis une douzaine des
plus brillants tireurs de Paris. Leur
maître, svelte, fin, courtois, érudit,
souriant dans sa barbe en pointe,
est le représentant le plus qualifié
de l'école classique. Jamais une
incorrection ou une brutalité n'ont
déparé son jeu, ni sa méthode. Et ce
qu'il démontre avec un art parfait, il
l'exécute avec une élégante vigueur.
Le battre est un rare triomphe. Être
battu par lui est un délicat plaisir.

Du triomphe, peu ont le droit de
s'enorgueillir. Mais du plaisir, beaucoup ont joui.

Brézé et Barthois continuaient à
échanger des coups de bouton, avec
une fortune diverse. Il y eut un petit
moment de silence. La voix du prévôt se fit entendre :

— Engagez quarte. Dégagez...
Allons, M. le baron, c'est trop
large !... Vous ne tenez pas votre
fleuret entre les doigts... vous le
tenez à poigne main...

— Ce pauvre baron, dit Tréderlein..., il ne fait pas de progrès...

— Il n'en fera jamais ! Il y a des

gens qui sont réfractaires à l'escrime... C'est comme pour le billard.

Tenez, moi, je suis arrivé à une force
moyenne... Eh bien ! jamais je ne

dépasserai ce niveau-là... Je ne suis pas doué...

— Mais comment le baron s'acharne-t-il, puisque ça l'assomme ?

— Mon cher, il s'est fourré dans la tête d'être de la Société du Contre de quarte. Il veut passer, aux yeux des gigolos, pour une redoutable lame...

— Pourquoi ?

— Pour avoir le droit de se laisser tromper par sa femme sans se fâcher !

L'entretien fut rompu, l'illustre peintre Olivier Langlois venait d'entrer accompagné de Bérulle, le sportsman. Avec sa faconde gracieuse et sa verve souriante, Olivier

serrait les mains à la ronde. Il vint
à Brézé :

— Mon petit, c'est à vous que nous
avons affaire, Bérulle et moi...

—Ah ! Vous venez pour La Roserie ?

— Oui.

— Eh bien ! Causez avec **Tréderlein et Barthois**...

Tréderlein plia sa longue échine,
chiquenauda le revers de satin de sa
redingote fleuri d'une orchidée, et,
montrant un coin de la salle :

— Voulez-vous nous asseoir là ?
Ou préférez-vous descendre dans un
des petits salons ?

— Oh ! restons ici, fit Barthois...

Il passa son fleuret sous son bras,
décrocha son masque, et s'appuyant
à l'épaule du peintre :

— Votre portrait de Lady Melsfort,
mon cher ami, est la perle de notre

exposition... C'est d'un ton exquis...
Et d'une ressemblance!... Un chef-
d'œuvre !

Olivier hocha la tête :

— Oui, on s'accorde à le trouver
agréable. Mais avez-vous vu mon
paysage ?

— Oui. Le paysage, je ne dis pas...
Mais j'aime mieux le portrait...

— Vous avez tort ! s'écria Olivier.
Si je recommençais ma carrière, je
ferais du paysage... Là seulement,
je le sens bien, j'aurais pu donner
ma mesure !

— Toujours le violon d'Ingres !
dit en riant Tréderlein. Pourquoi
ne nous dites-vous pas aussi que vous

auriez dû vous faire maître d'armes ?

— Eh ! après tout... fit le peintre, songeur.

— Ceci ne prouve qu'une chose, mon cher maître, dit Barthois avec sa belle courtoisie, c'est que vous étiez heureusement doué et capable de vous montrer supérieur, quoi que vous ayez entrepris. Mais parlons de l'affaire Brézé... Que venez-vous nous demander ?...

— Ah ! déclara Bérulle, nous avons été gravement offensé, par votre client... Il y a eu injure...

— Mais vous nous avez fait un affront qui légitimait notre mécontentement.

— Un affront? Le mot est gros, quand il s'agit d'une tromperie de Pierrette Guérier... Est-ce que vraiment on peut se considérer comme blessé, parce qu'on trouve Pierrette avec un de ses amis? Messieurs, je vous en fais juges... Cette aimable enfant n'est pas, comme nous disons, nous autres cavaliers, difficile au montoir... Voyons! tout le cercle y a passé! Et voilà Brézé qui se fâche, parce qu'il surprend La Roserie chez la demoiselle? Mais, en bon camarade, c'est lui qui aurait dû l'y mener!

— Oh! Bérulle! Brézé entretient Pierrette. Et dame, vous comprenez...

— Oui, il y tient en proportion de

ce qu'elle lui coûte ! Il n'espère pourtant pas que La Roserie va le rembourser ?... D'ailleurs, notre ami payait aussi !

— Ne faisons pas dévier la discussion, interrompit Barthois avec gravité. Brézé a trouvé La Roserie chez sa maîtresse... Vous ne nierez pas que ce ne soit, de la part de La Roserie, mettons : un mauvais procédé ?

— Soit ! Mais de là à appeler La Roserie idiot...

— Et comment vouliez-vous donc qu'il l'appelât ? s'écria Tréderlein. Voyons, Olivier, qu'est-ce que vous pensez de La Roserie ?

— C'est le dernier des imbéciles !

Mais ce n'est pas une raison pour le lui dire...

— Surtout devant une femme... Et en chemise !

Tréderlein se mit à rire :

— C'est égal, ce devait être un coup d'œil étonnant que celui de La Roserie, hagard et sans caleçon, pendant que Pierrette braillait et que Brézé jouait les Othello dans le petit entresol de la rue de Prony... J'aurais voulu voir ça !

— Vous le connaissez, vous, Tréderlein, le petit entresol de Pierrette ?

— Tiens ! Comme tout le monde ! J'y ai fait un souper, je me rappelle, vraiment bien extraordinaire, un soir de mi-carême... J'avais ramené la petite de chez Balori, qui nous avait

donné une redoute costumée dans son atelier...

— J'y étais, s'écria Olivier. Ah ! Sapristi ! Vous rappelez-vous mon costume de gitano ? Je jouais de la mandoline...J'ai eu un de ces succès !

— Eh bien ! continua Tréderlein, j'arrive chez Pierrette. Il était trois heures du matin... Nous avions gelé dans le fiacre... Il faisait froid, cette année-là ! L'enfant me dit : Montes-tu prendre quelque chose...

Bérulle l'interrompit, avec un geste pudique :

— Ne nous dites pas ce que vous avez pris !...

Ils se mirent à rire. Mais Barthois retrouva son sérieux promptement :

— Messieurs, ne nous écartons pas de notre affaire...

— Mais nous y sommes en plein ! Puisque nous établissons, par A + B, que la jeune Pierrette est comme le

gibier, « res nullius », par consé-
quent la chose de celui qui la tient,
ou la possède, pour le moment...

— N'oublions pas qu'il y a eu
injure... Le mot idiot a été pro-
noncé !

— C'était le mot de la situation !
Et, à moins de manquer totalement
de jugement, il n'y avait pas moyen
d'en employer un autre !

— Estimez-vous donc que notre
client ne doit pas s'en fâcher ?

— Il faut examiner dans quelles
circonstances il lui a été appliqué.
Elles sont fantaisistes, ces circonstances, pour ne pas dire saugrenues...
D'un côté, un monsieur qui a la pré-

tention de garder, pour lui seul, une
demoiselle qui est à tout le monde…

De l'autre, un être surpris, lamen-
table et sans chaussettes, qui s'é-
tonne que son ami intime l'appelle
idiot. Messieurs, ne serions-nous pas

idiots nous-mêmes en considérant comme sérieux un différend qui n'existe pas ?

— Alors, vous ne voyez pas l'affaire inarrangeable ?

— C'est-à-dire que je la vois tout arrangée, fit Tréderlein. Messieurs, j'ai eu dix rencontres et j'ai servi de témoin plus de trente fois... Jamais, vous m'entendez, je n'ai vu d'affaire plus facile à accommoder. La Roserie exprimera à Brézé son regret de ne pas lui avoir demandé de le présenter à Pierrette. Et Brézé, alors, déclarera qu'il lui est impossible, dans ces conditions, de continuer à regarder

La Roserie comme un idiot. Nous
ferons un procès-verbal qui rela-
tera ces explications. Nous le signe-
rons et nous irons tous dîner ensemble.

— Avec Pierrette ? demanda Olivier.

— Si vous voulez ! concéda Barthois... Et c'est moi qui régalerai !

— Eh bien !... C'est entendu, et
voilà une affaire terminée.

Tréderlein, de la main, fit signe à
Brézé de venir lui parler. Il s'écarta
de quelques pas du groupe.

— Eh bien ! demanda le jeune clubman, on se bat ?

— Non, on s'embrasse.

— Ah !... Tenez, franchement, j'aime autant ça ! J'aurais été embêté de faire du mal à La Roserie...

— Et La Roserie de vous en faire, donc !

— Quant à Pierrette...

— Voulez-vous un conseil, Brézé ?

— Certes !

— Combien vous coûte-t-elle ?

— Deux mille par mois.

— Eh bien ! Faites-en l'économie. Et laissez-la au gros Schasmann...

— Le boockmaker ?

— Oui. C'est lui le vrai monsieur de la belle...

— Comment! Ce sale bonhomme ? Oh ! je l'assommerai !

— Allons, bon ! Voilà que ça vous reprend ? Laissez donc cette enfant faire son petit commerce. Vous me faites l'effet d'un monsieur qui, se promenant aux Champs - Élysées, voudrait tuer tous les gens qu'il y rencontrerait !... C'est un jardin public, voyons !

Olivier s'approcha des deux camarades, et, secouant la manchette de sa chemise pour la faire descendre :

— La Roserie est en bas, dans la grande salle, qui perd son argent au baccara... Peut-être lui ferait-on plaisir et lui rendrait-on service à la fois, en l'amenant ici, pour serrer la main à Brézé...

— Si vous voulez... N'est-ce pas, cher ami ?

— Ah ! Bien volontiers ! ce brave

garçon ! Alors, il avait de l'ennui d'être brouillé avec moi ?

— C'est-à-dire qu'il en pleurait !

s'écria Bérulle. Il me disait hier : « J'aimerais mieux, plutôt que d'être fâché avec Brézé, voir, tiens, la jument Bousaada claquée! » Hein! Croyez-vous?

— Vous avez dû faire un nez, en entendant ça, vous, Bérulle?

— Non! J'ai vraiment senti là qu'il était touché... Car Bousaada, vous savez, pour lui, c'est une affection réelle... Il l'a montée en course, et si bien! Aussi, préférer Brézé à Bousaada! Ah! j'ai vu que le cœur souffrait! Bousaada, sacristi! une bête qui vaut deux mille louis! Enfin, Brézé, c'est flatteur pour vous!

— Eh bien ! Allez le chercher ! On prendra le quinquina ensemble !

Dans le cliquetis des assauts poursuivis, la voix monotone du prévôt se fit entendre :

—Sur le liement d'épée, dégagez... une... deux... un pas en arrière ! Vivement... monsieur le baron, vivement !...

Et il lui poussait son fer dans les côtes.

Pendant que le martyr de l'escrime, épuisé, soufflant, rouge, sautait en arrière, disant d'une voix étranglée :

— Cette fois... Restons-en là ! Une demi-heure de leçon... J'en ai plus qu'assez !...

— Une bonne douche par là-dessus, monsieur le baron. Et une friction vigoureuse.

— Allons-y !

*
* *

Dans les cabinets de toilette, entourant le masseur, qui étalait à l'air des biceps d'hercule, les valets de chambre causaient, s'appelant entre eux par les noms de leurs maîtres :

—Alors, vous, La Roche-Touchard, vous veillez toutes les nuits jusqu'à des quatre heures, pour attendre que votre patron rentre du cercle ?

— Oui, il s'acharne à la ponte,

cet homme, et dame, comme en ce
moment, ça ne va guère, il ne peut
pas s'arracher de la table avant d'être
rincé jusque dans les profondeurs!

— Est-ce malheureux, tout de
même, de voir des gens faire des
bêtises pareilles! Car, enfin, tout le
monde sait bien que, quand on est à
la série noire, faut pas s'entêter...
Ainsi moi, le mois dernier, n'est-ce
pas, Navailles, à notre petit café, où
nous jouons la manille après dîner,
j'avais une de ces guignes, à perdre
des dix francs par séance! Est-ce que
je me suis exaspéré? J'ai dit : Mon
garçon, t'es pas à la coule... Et j'ai
été passer mes soirées au Nouveau-

Cirque... Est-ce Footitt ou Chocolat qui m'a débarrassé de ma déveine? Mais quand je suis revenu avec les camarades... Ah! malheur! Ils n'y coupaient plus! Est-ce vrai, Navailles?

Un grand larbin, solennel et bien vêtu, s'inclina avec déférence:

— C'est vrai!... Et M. le marquis a bien tort de ne pas vous imiter, La Roche-Touchard... Ça transpire, le bruit de sa purée... Il finira par rater son mariage avec M$^{lle}$ Moralès.

— La négresse de l'Arc de Triomphe?

— Oui, la fille du général Antonio... Une jeune personne qui est descendue d'un cocotier pour venir à Paris... Et riche ! Oh !

— L'encaisse de la Banque de France, quoi !

— Nous ne pouvons plus redorer nos blasons qu'avec des fortunes exotiques. La riche bourgeoisie et le haut commerce en ont soupé... Ils ne marchent plus.

— Et puis les auteurs dramatiques débinent le truc, tout le temps... Dans chaque pièce qu'on joue, maintenant, il y a un noble panné, prince ou duc, qui tique sur la fille d'un entrepreneur millionnaire, ou d'un riche youpin. Alors ça fait réfléchir, de voir ses histoires sur la scène !

— Ah! Et puis, Messieurs, il y a la politique... Depuis que notre monde est devenu anarchiste... Car nous votons aujourd'hui avec les socialistes. Et ce que ça me dégoûte !

— Mon cher Saint-Chamond, vous avez tort de critiquer la politique de nos messieurs, dit avec gravité le valet de chambre du marquis. Il n'y a pas d'autre moyen de ramener un régime propre et de pousser dans l'égout cette sale république... Qui veut la fin, veut les moyens, comme disait l'autre soir, à dîner, le Révérend père Ducorneau. Et s'il faut une nouvelle Commune pour ramener le Roi...

— Ou l'Empereur...

— Si vous voulez, Camaretti... Je respecte vos opinions... Du reste, je me contenterais fort bien d'un Napoléon... L'important, c'est que nous ne vivions pas sous un régime abject qui nous flanquerait l'impôt sur le revenu et rendrait, par la déconsidération générale, la société impossible pour les Gens de Maison.

Il y eut un acquiescement unanime. Toutes les têtes de larbins se baissèrent avec componction. Navailles approuva du geste. Mais le doucheur, bras nus, aux poils roux, calotte sur la tête, ronchonna dans sa barbe :

— Tas d'aristos ! Ils sont plus réactionnaires que leurs patrons !... Si on veut l'égalité, il faudra commencer par tuer tous les domestiques !

Une diversion empêcha la conversation de continuer. Le valet de chambre de Tréderlein, qui regardait dans la salle, s'écria :

— Ah ! Venez donc voir ! M. Bizaret fait assaut avec M. Ely-Salt.

Il y eut une poussée de curiosité vers l'entrée des cabinets de toilette. Dans la salle, le spectacle était vraiment sensationnel. Une lutte magistrale était engagée entre le référendaire à la Cour des comptes et Ely-Salt, un des plus brillants amateurs de la jeune génération. Bizaret, calme, solide, râblé ; Ely-Salt, élégant, fin et léger.

Tous les jeux s'étaient arrêtés pour assister à cet enchaînement correct et raisonné de phrases d'armes, se déroulant avec une vigueur et un brio remarquables. Ely-Salt, onduleux, souple, se glissait, essayant de se loger. Bizaret, d'aplomb sur ses jarrets, un peu lourd, mais d'une rapidité de main extrême, rompait à petits pas. Enfin sur un cercle trompé, Ely-Salt se fendit, mais sa lame fut prise dans un contre net et raide, pendant que Bizaret ripostait de pied ferme par un coupé que très habilement arrêtait une parade de prime.

Les deux adversaires s'exami-

nèrent. Puis Ely-Salt revint sur Bizaret et, par battements répétés, ce
qu'à la salle on appelait « ses son-
nettes », il chercha à ébranler son
rude partenaire. Mais l'autre trompant le fer se fendit, et, sans une
retraite de corps d'Ely-Salt, il tou-
chait. Remis en garde, soufflants, le
regard brillant à travers le grillage
de leurs masques, ils se dévoraient
des yeux, ramassés, tendus, prêts à
profiter de la moindre faute, et à par-
tir dans une attaque foudroyante.

Ce fut Bizaret qui reprit. Il était
inlassable, avec sa lourde apparence,
et rapide comme la foudre. Les fleurets, enlacés comme des serpents,

sifflaient, grinçaient, éclairs rapides, presque invisibles, dont les mouvements capricieux et pourtant savamment réglés étaient compréhensibles seulement pour les érudits escrimeurs qui formaient la galerie.

Coups portés, coups rendus, c'était une ivresse d'activité, d'habileté, de souplesse et de violence, qui devait rompre les muscles, surchauffer les poumons, et briser les cœurs. Une acclamation s'éleva. Ely-Salt, trompant le fer, venait de toucher Bizaret avec une telle force que le fleuret s'était rompu à vingt centimètres de la garde. Déjà il s'était élancé sur son adversaire :

— Vous n'êtes pas blessé ?

— Mais non, dit le magistrat avec tranquillité. Vous avez tellement de vitesse que le choc a été rude... Mais le coffre est bon ! Il en a déjà reçu plus qu'il n'en recevra maintenant !

Ils se serraient la main, entourés par leurs amis, qui commentaient les coups et approuvaient la virtuosité des tireurs.

— Eh ! Sept heures ! fit Trederlein en regardant l'horloge.

— Il est temps de s'habiller, déclara Barthois.

— Je dîne chez le président, dit Bizaret.

— Et moi, chez les Moralès, jeta
le marquis de La Roche-Touchard.

— Comme par hasard, hein ?

— Ah ! mes enfants ! La vie a de
grandes exigences ! Firmin...

Le valet de chambre, qui contait
si délibérément les affaires de son
maître, au bord des cuvettes, s'approcha, l'échine basse :

— Tous les vêtements de monsieur le marquis sont prêts... Le
coiffeur attend...

— Vous avez ma boutonnière ?

— Oui, monsieur le marquis.
Œillets soufre, ce soir...

— Et la corbeille de fleurs a été
envoyée à quatre heures ?

— Je l'ai portée, moi-même.

— All right ! Habillez-moi.

*<br>* *

Dans les cabinets de toilette, maintenant, c'est un étalage de maillots de soie, de chemises aux fins devants, de gilets de satin et d'habits à revers de moire. Les parfums vaporisés embaument l'air. Les valets de chambre, qui s'interpellaient tout à l'heure avec des noms tirés de l'armorial, genou au parquet, chaussent à présent leurs maîtres. Jeunes et vieux escrimeurs, dans la bonne lassitude de l'exercice, se livrent

avec un plaisir recueilli à ce repos
de la toilette qui défatigue. Les poi-

trines respirent mieux, les cœurs
se calment, les regards sont plus
clairs. L'escrime a tonifié, redressé

les corps, rasséréné les esprits. Et

chacun, débarrassé de sa migraine,
ou délivré de ses soucis, pour un

instant, s'apprête à aller dans le monde, au-devant d'autres ennuis ou d'autres souffrances.

La salle d'escrime, vide, dans sa large étendue, n'est plus occupée que par les prévôts qui, le plastron rembourré sur la poitrine, devisent gravement de la supériorité du jeu d'épée sur le jeu de fleuret. Leur quiétude est troublée par la rentrée du gros baron, en habit noir et cravate blanche, rouge comme une pivoine, qui revient sur le lieu de ses exploits :

— Eh bien ! Voyons ! dit-il à son maitre. Sérieusement, quand croyez-vous que je pourrai me risquer dans un assaut public ?

— Encore six mois de travail assidu, monsieur le baron, et je vous produis... Avec un adversaire bien choisi, vous ferez merveille !

— Six mois ! C'est bien long ! Enfin !

Il tire son porte-cigares où s'étalent, énormes avec des bagues d'or, les havanes de prix ; il offre, à la ronde, aux prévôts :

— Un petit cigare ?

— Volontiers, monsieur le baron.

— Six mois, répète le baron, en pensant à sa femme et à tous les soupirants qui galopent derrière elle, dans le parfum de sa chair

blonde et la grâce pimpante de sa
tournure.

Ce n'est pas qu'il soit jaloux, ce cher baron, mais il craint d'être ridicule. Il aspire au moment où on dira de lui : « Prenez garde ! Si le baron se doutait... Vous seriez un homme mort ! » C'est ce jour-là qu'il attend, qu'il prépare. Il campe son chapeau sur l'oreille, déjà fendant avant d'être redoutable, et souriant à la salle, aux masques et aux fleurets épars, il dit :

— Allons, Messieurs ! Alors, à demain !

Et, arrivé le premier, il s'en va le dernier.

ÉVREUX, IMPRIMERIE DE CHARLES HÉRISSEY